Min aller fineste

Мій найпрекраснішии сон

Tospråklig barnebok

Lydbok og video:

www.sefa-bilingual.com/bonus

Gratis tilgang med passordet:

norsk: **BDNO2324**

ukrainsk: **На жаль, аудіокниги чи відео ще недоступні цією мовою. (Sorry, audio or video not yet available.)**

Vi jobber med å gjøre så mange av våre tospråklige bøker som mulig tilgjengelig for deg som lydbøker og videoer. Jeg håper dere kan være litt tålmodige hvis det ennå ikke finnes lydbokversjon på språket deres. Du kan følge med på utviklingen av arbeidet vårt på nettsiden vår:
www.sefa-bilingual.com/languages

Cornelia Haas · Ulrich Renz

Min aller fineste drøm

Мій найпрекрасніший сон

Tospråklig barnebok

Oversettelse:

Werner Skalla, Jan Blomli, Petter Haaland Bergli (norsk)

Valeria Baden (ukrainsk)

Lulu får ikke sove. Alle andre drømmer allerede – haien, elefanten, den lille musa, dragen, kenguruen, ridderen, apen, piloten. Og løveungen. Til og med bamsen kan nesten ikke holde øynene åpne ...

Du bamse, kan du ta meg med inn i drømmen din?

Лулу не спиться. Усі інші вже бачать сни: і акула, і слон, і маленька мишка, і дракон, і кенгуру, і лицар, і мавпа, і пілот. І левеня. Навіть у ведмедика закриваються очі ...

Агов, Ведмедику, візьмеш мене до свого сну?

Og med det er Lulu allerede i bamsenes drømmeland. Bamsen fanger fisk i Tagayumisjøen. Og Lulu lurer på hvem som bor der oppe i trærne?
Når drømmen er over, vil Lulu oppleve enda mer. Bli med, vi skal hilse på haien! Hva drømmer han om?

І ось Лулу опиняється в країні сновидінь ведмедя. Ведмедик ловить рибу в озері Тагаюмі. Та Лулу цікавить, хто би міг жити зверху на деревах?

Сон закінчився, але Лулу хоче ще більше пригод. Давай навідаємося до акули! Що може їй снитися?

Haien leker sisten med fiskene. Endelig har han venner! Ingen er redde for de spisse tennene hans.

Når drømmen er over, vil Lulu oppleve enda mer. Bli med, vi skal hilse på elefanten! Hva drømmer han om?

Акула грає з рибами у квача. Нарешті у неї є друзі! Ніхто не боїться її гострих зубів.

Сон закінчився, але Лулу хоче більше пригод. Давай навідаємося до слона! Що може йому снитися?

Elefanten er lett som en fjær og kan fly! Snart lander han på skyene.

Når drømmen er over, vil Lulu oppleve enda mer. Bli med, vi skal hilse på den lille musa! Hva drømmer hun om?

Слон – легкий, як пір'їнка, і може літати! Ось він приземляється на небесну галявину.

Сон закінчився, але Лулу бажає ще більше пригод. Давай навідаємося до маленької мишки! Що може їй снитися?

Den lille musa ser seg om på tivoli. Hun liker best berg- og dalbanen. Når drømmen er over, vil Lulu oppleve enda mer. Bli med, vi skal hilse på dragen! Hva drømmer han om?

Маленька мишка спостерігає за ярмарком. Найбільше їй подобаються американські гірки.

Сон закінчився, але Лулу хоче ще більше пригод. Давай навідаємося до дракона! Що може йому снитися?

Dragen er tørst etter å ha sprutet ild. Helst vil han drikke opp hele sjøen med brus.

Når drømmen er over, vil Lulu oppleve enda mer. Bli med, vi skal hilse på kenguruen! Hva drømmer han om?

Дракона мучить спрага й він хоче пити, бо довго плювався вогнем. Він готовий випити ціле озеро лимонаду.

Сон закінчився, але Лулу хоче ще більше пригод. Давай навідаємося до кенгуру! Що може йому снитися?

Kenguruen hopper gjennom godterifabrikken og stapper pungen sin full. Enda flere av de blå dropsene! Og enda flere kjærlighet på pinne! Og sjokolade!

Når drømmen er over, vil Lulu oppleve enda mer. Bli med, vi skal hilse på ridderen! Hva drømmer han om?

Кенгуру стрибає по кондитерській фабриці та набиває собі повну сумку. Ще більше синіх солодощів! І ще льодяників! І шоколаду! Сон закінчився, але Лулу прагне більше пригод. Давай навідаємося до лицаря! Що може йому снитися?

Ridderen er i kakekrig mot drømmeprinsessen sin. Oi! Kremkaken bommer!
Når drømmen er over, vil Lulu oppleve enda mer. Bli med, vi skal hilse på apen! Hva drømmer han om?

Лицар влаштовує тортовий бій із принцесою своєї мрії. Ой, лишенько! Вершковий торт пролітає повз!

Сон закінчився, але Лулу хоче більше пригод. Давай навідаємося до мавпи! Що може їй снитися?

Endelig har snøen kommet til apelandet! Hele apegjengen er ute og gjør apestreker.

Når drømmen er over, vil Lulu oppleve enda mer. Bli med, vi skal hilse på piloten! I hvilken drøm har han landet?

Нарешті у країні мавп випав сніг! Уся мавп'яча зграя з'їхала з глузду та вчинила балаган.
Сон закінчився, та Лулу хоче більше пригод. Давай навідаємося до пілота! У який сон він потрапив?

Piloten flyr og flyr. Til verdens ende, og videre helt til stjernene. Ingen pilot har klart dette før ham.

Når drømmen er over, er alle veldig trøtte og vil ikke oppleve så mye mer. Men løveungen vil de likevel hilse på. Hva drømmer han om?

Пілот летить і летить. До краю землі та ще далі до зірок. Це не вдавалося жодному іншому пілоту.
Коли сон закінчився, всі були втомлені та не хотіли більше ніяких пригод. Але ще хотіли навідатися до левенятка. Що може йому снитися?

Løveungen har hjemlengsel og vil tilbake til den varme, deilige senga si.
Det vil de andre også.

Og da begynner ...

Левенятко сумує за домівкою та хоче назад у свою теплу та затишну постіль.
Та й усі інші також.

І тоді починається ...

... Lulus

aller fineste drøm.

... найпрекрасніший сон Лулу.

Foto: Ingrid Hagenreich

Cornelia Haas ble født i nærheten av Augsburg (Tyskland) i 1972. Hun studerte design ved Høgskolen i Münster og avsluttet studiene med diplom. Siden 2001 har hun illustrert barne- og ungdomsbøker. Siden 2013 har hun undervist i akryl- og digitalt maleri ved Høgskolen i Münster.

Корнелія Хаас народилася недалеко від міста Аугсбург (Німеччина) у 1972 році. Після навчання в Університеті прикладних наук у м. Мюнстер вона отримала ступінь дипломованого дизайнера. З 2001 року вона ілюструє книги для дітей та підлітків, з 2013 року являється професоркою з фаху акрилового та цифрового живопису в Університеті Мюнстера.

www.cornelia-haas.de

Liker du å tegne?

Her finner du alle bildene fra historien til å fargelegge:

www.sefa-bilingual.com/coloring

Ha det gøy!

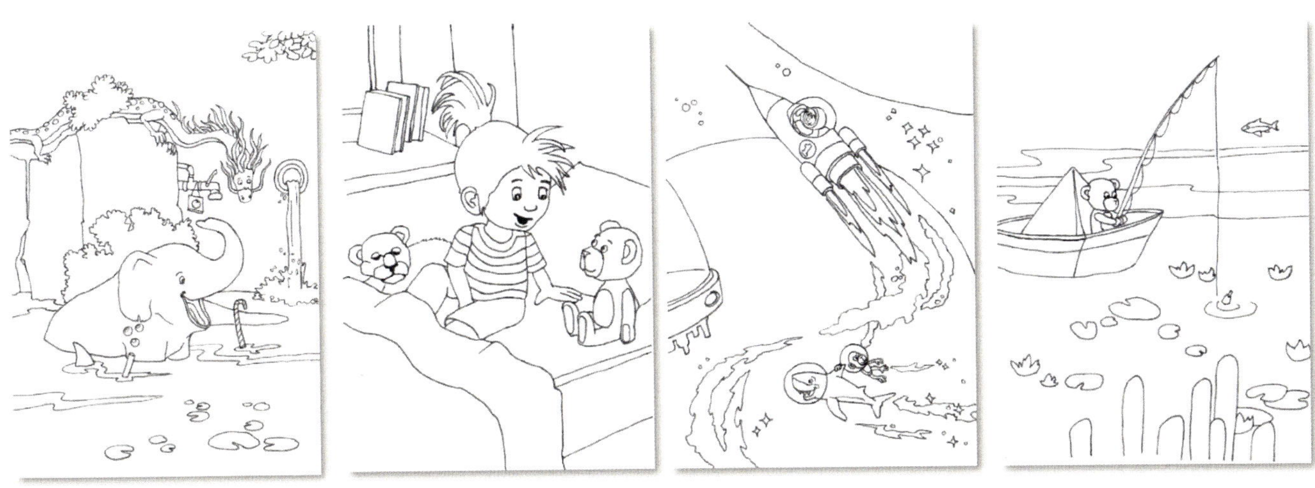

Kjære leser,

så fint at du har funnet boken min! Hvis du (og særlig barnet ditt) liker den, vær så snill og del den med andre - gjennom en Facebook-like eller en e-post til vennene dine:

www.sefa-bilingual.com/like

Jeg blir også glad for en kommentar eller anmeldelse. Likes og kommentarer betyr alt for forfattere, så tusen takk for det!

Jeg håper dere kan være litt tålmodige hvis det ennå ikke finnes lydbokversjon på språket deres. Vi arbeider med å tilby lydbok på alle språk - så langt det lar seg gjøre. Du kan bruke „Språk-trollmannen“ på nettsiden vår for å holde deg oppdatert:

www.sefa-bilingual.com/languages

Nå vil jeg gjerne introdusere meg selv: Jeg ble født i Stuttgart i 1960 sammen med tvillingbroren min (som også er blitt forfatter). Jeg studerte fransk litteratur og et par språk i Paris og senere medisin i Lübeck. Karrieren min som lege ble kort for jeg oppdaget raskt bøker: først medisinske fagbøker som jeg hadde ansvaret for som utgiver og forlegger og senere sakprosa og barnebøker.

Jeg bor i Lübeck i Nord-Tyskland sammen med min kone Kirsten. Sammen har vi tre (nå voksne) barn, en hund, to katter og et lite forlag: Sefa-forlaget.

Om du ønsker å vite mer om meg, må du gjerne besøke nettsiden min: **www.ulrichrenz.de**

Vennlig hilsen,

Ulrich Renz

Lulu anbefaler også...

Sov godt, lille ulv

For barn fra 2 år

Tim får ikke sove. Hans lille ulv har forsvunnet! Hadde han kanskje glemt ham ute? Helt alene går han ut i natten – og får uventet selskap...

Tilgjengelig på dine språk?

▸ Sjekk ut med vår „Språkveiviser“:

www.sefa-bilingual.com/languages

De ville svanene

Etter et eventyr av Hans Christian Andersen

For barn fra 4-5 år

„De ville svanene“ av Hans Christian Andersen er ikke uten grunn en av verdens mest leste eventyr. I tidløs form gir han uttrykk for det som møter oss i våre liv: redsel, tapperhet, kjærlighet, forræderi, adskillelse og gjenforening.

Tilgjengelig på dine språk?

► Sjekk ut med vår „Språkveiviser“:

www.sefa-bilingual.com/languages

More of me ...

Bo & Friends

- Children's detective series in three volumes. Reading age: 9+
- German Edition: „Motte & Co" ▸ www.motte-und-co.de
- Download the series' first volume, „Bo and the Blackmailers" for free!

www.bo-and-friends.com/free

www.sefa-verlag.de

IT: Paul Bödeker, Freiburg, Germany

ISBN: 9783739943572

Version: 20190101

www.sefa-bilingual.com